Una mariposa monarca busca una planta de algodoncillo.

La mariposa se posa en una hoja y deposita con cuidado un pequeño huevo sobre ella. Es el comienzo de una nueva...

MARIPOSA MONARCA

Edición actualizada

GAIL GIBBONS

HOLIDAY HOUSE
NEW YORK

Para Kate Briggs

Se agradece especialmente a Christine Johnson, Curadora Asociada de la
División de Zoología de Invertebrados del American Museum of Natural History

Text and illustrations copyright © 1989, 2021 by Gail Gibbons
Spanish translation copyright © 2023 by Holiday House Publishing, Inc.
Spanish translation by María A. Cabrera Arús
Originally published in English as *Monarch Butterfly* in 1989
All Rights Reserved
HOLIDAY HOUSE is registered in the U.S. Patent and Trademark Office.
Printed and bound in August 2023 at Leo Paper, Heshan, China.
www.holidayhouse.com
First Spanish Language Edition
1 3 5 7 9 10 8 6 4 2

Library of Congress Cataloging-in-Publication Data is available.

ISBN: 978-0-8234-5664-2 (Spanish paperback)
ISBN: 978-0-8234-4831-9 (English hardcover as *Monarch Butterfly* (New and Updated))

HUEVO

Es verano en Norteamérica. La brisa agita el tallo de una planta de algodoncillo. El huevo de la mariposa monarca es blanco y brillante. Tiene el tamaño de un punto pequeño y está pegado a la hoja.

Cuando la mariposa pone un huevo, lo hace pringoso, como el pegamento. El viento y la lluvia no pueden desprenderlo.

ORUGA
o LARVA

A los pocos días, el huevo se rompe y sale una pequeña oruga,
también llamada larva. Primero, la oruga se come la cáscara de
su huevo. Luego empieza a comerse la hoja del algodoncillo. Las
mariposas monarca casi siempre ponen sus huevos en plantas de
algodoncillo porque sus hojas les servirán de alimento.

MUDA

La oruga come, crece y empieza a cambiar. Cuando ha crecido mucho, se desprende de su vieja piel y exhibe una piel nueva. A este proceso se le llama muda.

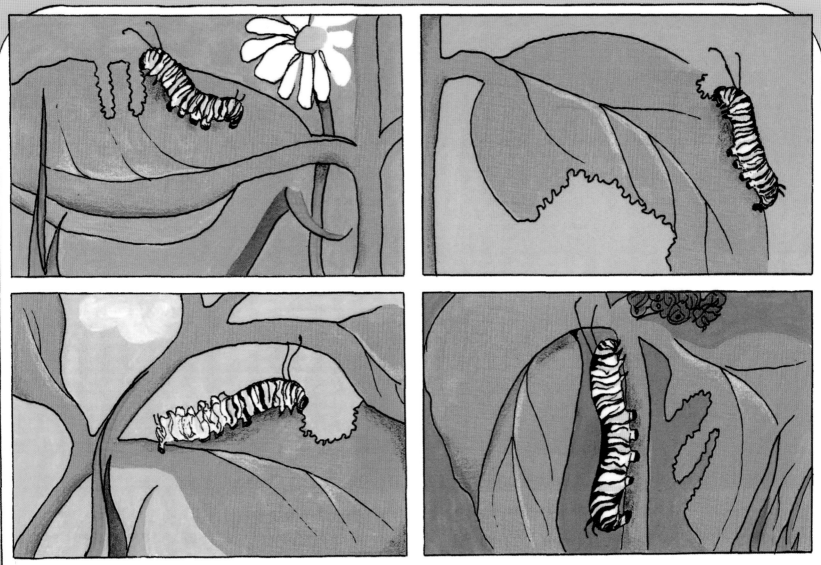

La oruga comerá hojas de algodoncillo durante dos semanas. A medida que crece, muda de piel unas cinco veces hasta convertirse en una oruga de mariposa monarca adulta de unos cinco centímetros de largo.

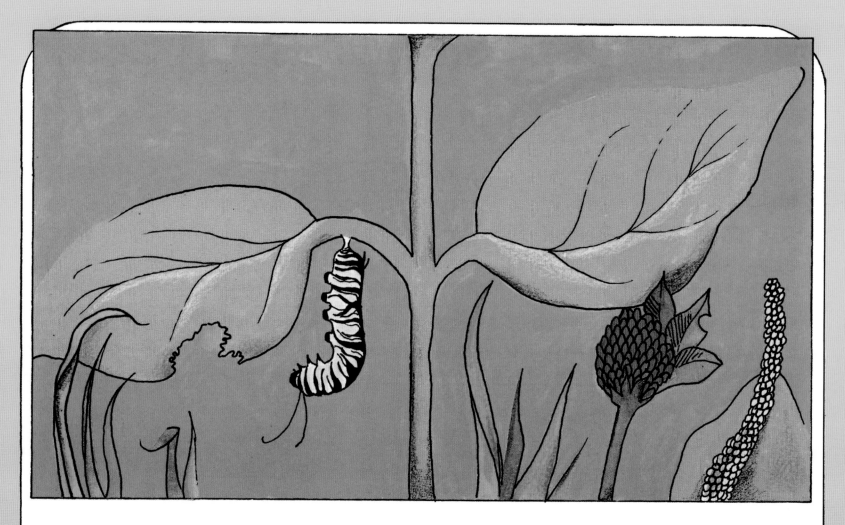

Cuando la oruga alcanza su tamaño máximo deja de comer,
y empieza a suceder algo maravilloso. La oruga se arrastra
hasta el tallo de una hoja y se cuelga de cabeza. Sus colores
brillantes se vuelven verdosos.

CRISÁLIDA
o PUPA

A continuación, la piel de la oruga se abre en la parte posterior de la cabeza, y se sigue abriendo hasta que se desprende. Esta nueva forma se llama crisálida o pupa. La crisálida es como una manta que envuelve el cuerpo que crece en su interior.

Al principio, la crisálida es larga y blanda. Luego se encoge y endurece, y toma un color verde claro decorado con puntos dorados. En su interior, la mariposa monarca comienza a crecer.

Unas dos semanas después, justo antes de que la mariposa monarca salga...

...la crisálida se balancea. Luego se abre y la mariposa comienza a salir. Primero aparecen la cabeza y las patas. Después, el abdomen y las alas.

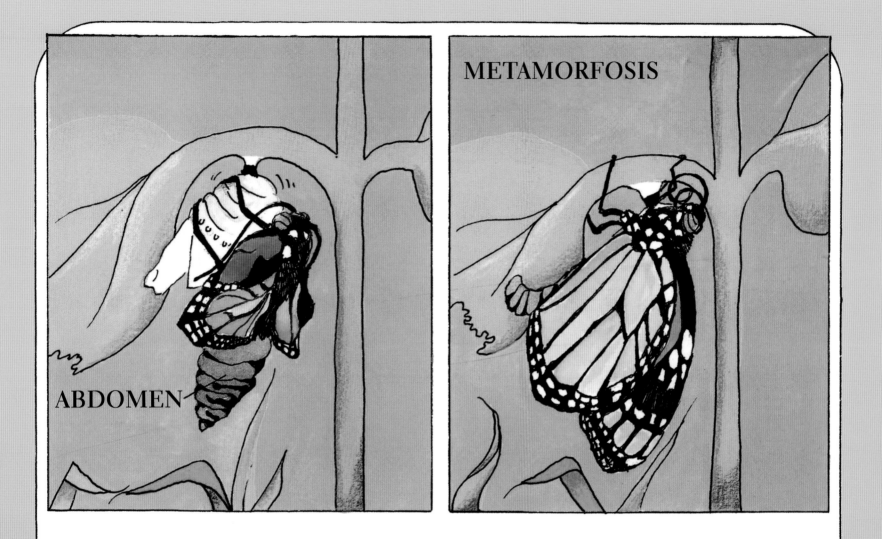

ABDOMEN

METAMORFOSIS

Al principio, las alas están arrugadas y pegadas, y el abdomen de la mariposa es grande. Luego el abdomen se hace más pequeño.

La mariposa se queda quieta durante unas horas, hasta que sus alas se secan y endurecen. Entonces empieza a moverlas lentamente, y luego las bate cada vez más rápido.

La mariposa revolotea hacia el cielo. Sus colores comunican a los pájaros y los animales que tiene mal sabor y que pueden enfermar si se la comen. Nadie ataca a la mayoría de las mariposas monarca.

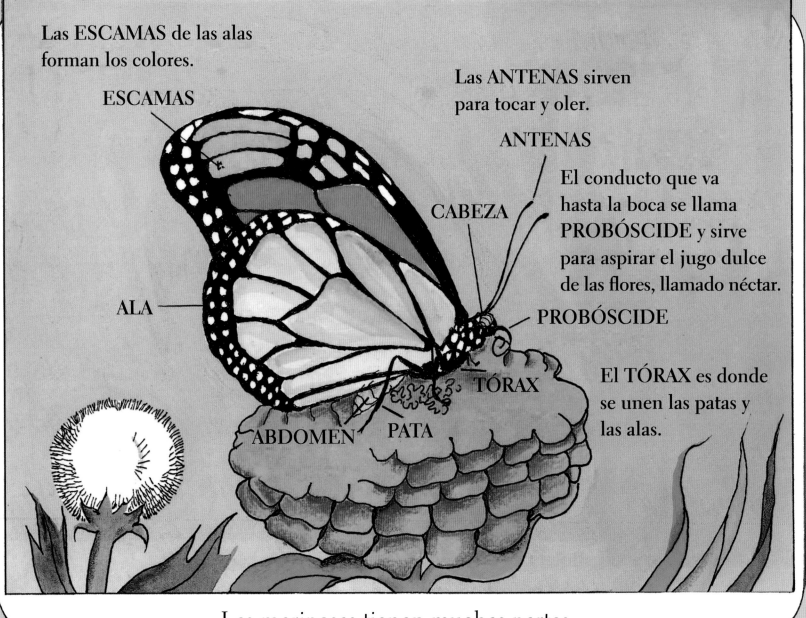

Las ESCAMAS de las alas forman los colores.

ESCAMAS

Las ANTENAS sirven para tocar y oler.

ANTENAS

El conducto que va hasta la boca se llama PROBÓSCIDE y sirve para aspirar el jugo dulce de las flores, llamado néctar.

CABEZA

ALA

PROBÓSCIDE

El TÓRAX es donde se unen las patas y las alas.

TÓRAX

ABDOMEN

PATA

Las mariposas tienen muchas partes.

18

La mariposa monarca solo vuela durante el día.
Cuando llueve, se esconde bajo las hojas para
no mojarse.

Las mariposas monarca que salen de la crisálida
en primavera o a principios del verano solo
viven unas semanas.

Las mariposas que salen de la crisálida a mediados del verano emprenden un largo viaje a un lugar más caliente porque necesitan un clima cálido para vivir. A ese viaje se le llama migración.

La mariposa monarca volará a donde siempre han ido
sus antepasados... ¡a veces, incluso al mismo árbol!

Cuando llegan muchas mariposas monarca se forma una nube naranja en el cielo. Por la noche, descansan en los árboles.

A veces vuelan a una velocidad de hasta 20 kilómetros por hora, trasladándose casi 160 kilómetros en un día. Llegan a verse más de 1000 mariposas viajando juntas.

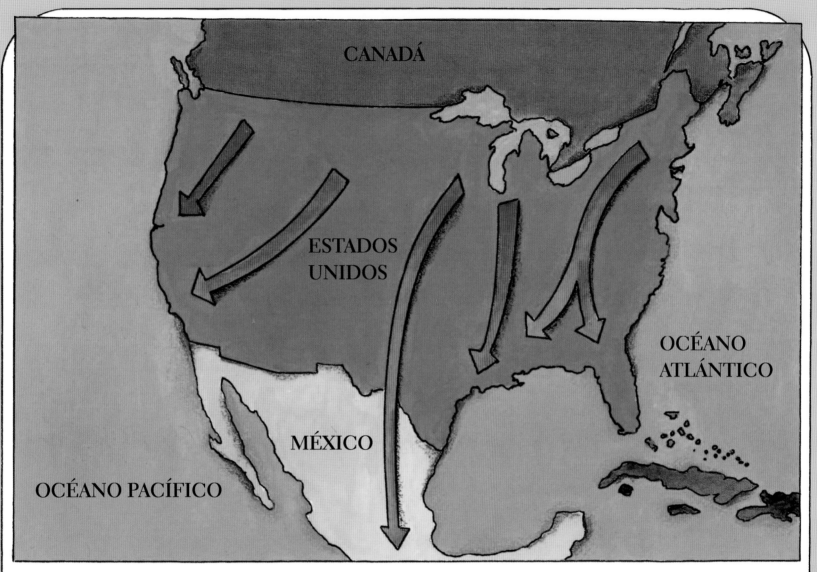

Las mariposas monarca viajan a lugares como Florida, el sur de California y México. ¡Algunas recorren hasta 6000 kilómetros! Permanecen en el sur durante todo el invierno.

La visita de las mariposas trae alegría a ciudades
y pueblos. Algunos organizan festivales para
celebrar su llegada.

Los niños desfilan disfrazados de mariposas.
A veces tocan bandas de música y llegan
visitantes de todas partes.

Las mariposas monarca pueden aglomerarse, posándose miles de ellas sobre un solo árbol. ¡Un árbol de mariposas!

En primavera, estas mariposas volverán a migrar
hacia el norte, a los campos de algodoncillo.

CÓMO CRIAR UNA MARIPOSA MONARCA

CÓMO HACER UN HOGAR PARA TU ORUGA DE MARIPOSA

Busca un recipiente de cristal grande y limpio, con tapa de metal. Pídele a un adulto que te ayude a hacer varios agujeros en la tapa con un martillo y un clavo, para que entre aire.

CÓMO ENCONTRAR UNA ORUGA DE MARIPOSA MONARCA

El mejor momento para encontrar una oruga de mariposa monarca es a finales de julio y en agosto. Ve a un campo donde crezcan plantas de algodoncillo. Busca debajo de las hojas. Cuando encuentres una oruga de mariposa monarca, tómala con cuidado.

CÓMO CUIDAR A TU ORUGA DE MARIPOSA MONARCA

Corta cuatro o cinco hojas de la planta de algodoncillo y ponlas en el recipiente, para que la oruga se alimente. Luego introduce con cuidado la oruga y ponle la tapa al recipiente. Mantenlo alejado del sol, para que no se caliente demasiado. Límpialo todos los días y pídele a alguien que vigile a la oruga mientras cambias las hojas viejas de algodoncillo por hojas nuevas. Luego, vuelve a meter la oruga en el recipiente.

TU ORUGA SE TRANSFORMARÁ EN CRISÁLIDA

Cuando la oruga esté completamente desarrollada, se colgará boca abajo de la tapa del recipiente, mudará de piel y formará su crisálida. No toques la crisálida.

LA CRISÁLIDA SE CONVERTIRÁ EN TU MARIPOSA MONARCA

En unas dos semanas, la crisálida se volverá transparente. Ha llegado el momento de que salga la mariposa monarca. Cuando lo haga, necesitará unas horas para que sus alas crezcan y se sequen.

CÓMO LIBERAR UNA MARIPOSA

Las mariposas monarca no quieren ser mascotas. Con cuidado, deja que salga del recipiente y trepe a tu dedo. Cuando esté lista, volará hacia el cielo. También puedes dejar el frasco abierto afuera, en un lugar seguro.

Solo migran las mariposas que nacen a mediados del verano. Esas mariposas viven entre ocho y nueve meses.

Unos cien millones de mariposas monarca migran cada año.

Algunas mariposas monarca vuelan a una altura de hasta 600 metros.

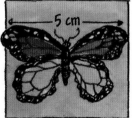

Una mariposa monarca puede tener una envergadura (ancho de las alas desplegadas) de 5 centímetros.

En Santa Cruz, California, se iza una bandera con una mariposa monarca el día que llegan las primeras mariposas, y se mantiene izada durante seis meses, hasta que la última mariposa monarca parte hacia el norte.

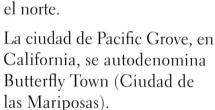

La ciudad de Pacific Grove, en California, se autodenomina Butterfly Town (Ciudad de las Mariposas).

El Monarch Project cuenta con voluntarios que marcan a miles de mariposas para saber a qué velocidad y qué distancia vuelan.

En México hay reservas naturales donde las mariposas monarca pasan el invierno.